GÉNÉALOGIE

DE LA MAISON

DE SARTIGES

A CLERMONT-FERRAND,

DE L'IMPRIMERIE DE FERDINAND THIBAUD, LIBRAIRE,

Rue Saint-Genès, n°s 8-10, proche la Cathédrale.

M. DCCC. LXV.

GÉNÉALOGIE

DE

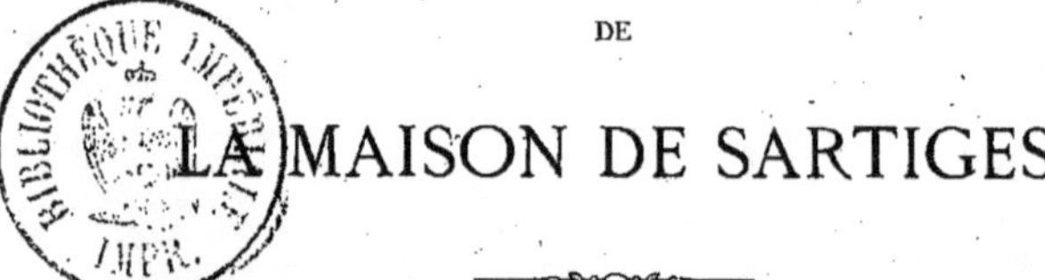

LA MAISON DE SARTIGES

BERNARD DE SARTIGES, chevalier, vivait en 1223 &
en 1249.

GAUTIER DE SARTIGES, chevalier, accompagna le roi saint
Louis à la première croisade en 1248, sous la bannière
d'Alphonse de France, frère du roi, & se trouvait à la suite
de ces princes à Saint-Jean-d'Acre, au mois de mai 1250.
Son nom & l'écu de ses armes figurent dans la troisième
salle des croisades au musée de Versailles. Gautier de
Sartiges fut du petit nombre de croisés qui revirent leur
patrie; il rendit hommage au vicomte de Ventadour, seigneur de Charlus, en 1258, & on le voit paraître avec ses
frères Rigaud & Geraud de Sartiges, dans une transaction
qu'ils passèrent avec Bernard de Marlat, damoiseau, leur
voisin, le 4 mars 1262, ainsi que dans un autre traité inter-
venu entre eux & Pierre de Bilgeac, le 3 des nones de
septembre 1275. Gautier de Sartiges consentit encore une
vente au doyen du monastère de Mauriac, en novembre
1277. Il laissa plusieurs fils :

1°. Hugues de Sartiges, damoiseau, continua la descendance;

2°. Bertrand de Sartiges, reçu chevalier de l'ordre du Temple, sous le grand-maître Guillaume de Beaujeu, en 1279.
Il était commandeur de Carlat en 1309. Arrêté en même temps
que les templiers de sa province, Bertrand de Sartiges fut

1866

interrogé avec eux par l'évêque de Clermont, en juin 1309, puis transféré à Paris, où il fut choisi par les accusés pour défendre l'ordre devant la commission instituée par le pape Clément V, tâche qu'il sut remplir jusqu'au bout avec courage & dignité;

3°. Bernard de Sartiges, prêtre, docteur ès-lois. Après la mort de Hugues, son frère aîné, il fut le tuteur de ses enfants; fit, en cette qualité, un échange de rentes avec le curé de Sourniac, en présence de Pierre, évêque de Clermont, le 23 septembre 1303, acte confirmé par Aubert, successeur dudit évêque, le 23 août 1308. Jean Oltraffal, clerc, de Mauriac, lui consentit une vente le dimanche d'après l'Assomption 1306, & il transigea avec Guillaume de las Vaysses, damoiseau, époux d'Amigie de Sartiges, sa nièce, le 2 avril 1315. Bernard de Sartiges est nommé dans le testament de Guillaume de la Tour d'Auvergne, aussi docteur ès-lois, chanoine de Clermont & de Reims, du 29 avril 1315;

4°. Raymond de Sartiges, auteur du rameau dit du Vignal, qui sera rapporté en son lieu.

HUGUES DE SARTIGES, fils aîné & héritier de Gautier, reçut une donation de Geraud, son oncle, le samedi après Pâques 1293, testa en 1302, & ne vivait plus le 23 septembre 1303. Il laissa deux fils & une fille, savoir :

1°. Bertrand de Sartiges, qui forma le degré suivant;

2°. Bernard de Sartiges, recteur de l'église de Méallet, en 1327, mort avant 1336;

3°. Amigie de Sartiges, mariée à Guillaume de las Vaysses, damoiseau, suivant actes de 1311, 1315 et 1336.

BERTRAND DE SARTIGES, damoiseau, était sous la tutelle de Bernard de Sartiges, prêtre, docteur ès-lois, son oncle, en 1303 & 1315, reçut une donation que lui fit Bernard de Sartiges du Vignal, son cousin-germain, archiprêtre de Mauriac, le jeudi après la fête de tous les Saints 1317. Pierre la Peyre, du lieu de Bourianes, paroisse de Jalleyrac, lui fournit reconnaissance féodale en 1321, & Ebles de Miremont, damoiseau, lui vendit l'affar de Ventalhac, situé près de Sartiges, le samedi après la fête de sainte Catherine 1323. Bertrand de Sartiges rendit hommage à l'évêque de Clermont en 1330 & 1337 & fit un échange de fief avec le même prélat auquel il céda la haute & moyenne juftice du fief de Marlat, paroiffe de Sourniac, pour la moyenne & baffe juftice de Linars, paroiffe de Jalleyrac, le 24 feptembre 1335. — Bertrand de Sartiges paraît n'avoir eu qu'un fils :

> Raymond de Sartiges, que la tradition fait mourir prifonnier en Angleterre, & qui eft rappelé comme ancien feigneur de Sartiges, dans l'acte de foi & hommage rendu par Jean de Noailles au maréchal Boucicault, au mois de décembre 1416.

BRANCHE DES SEIGNEURS DE LAVANDÈS.

RIGAUD DE SARTIGES, damoifeau, cofeigneur de Sartiges, frère de Gautier avec lequel il agiffait lorfqu'il traita avec Bernard de Marlat en 1262 & quand ils rendirent hommage au feigneur de Montclar en 1263, eft rappelé avec N... de Montmorin, fon époufe, dans le teftament de Hugues de Sartiges, fon arrière petit-fils, du 31 mai 1346. Il laiffa, fuivant le même acte :

BERNARD DE SARTIGES, époux de Julienne d'Alleyrac, lefquels engendrèrent Rigaud qui fuit :

RIGAUD DE SARTIGES, deuxième du nom, chevalier, cofeigneur de Sartiges & de Lavandès, qui confentit bail emphytéotique de fon domaine de Sourniac, par acte fcellé de fon fceau, le famedi après la fête de l'Annonciation 1302; donna une inveftiture le vendredi après la Purification 1317, acquit de Pierre de Montclar, le famedi après la fête de faint Mathieu 1322, l'affar de Bercq, paroiffe d'Anglars, & tranfigea le vendredi après la fête de faint Urbain 1323, avec Pierre de Marlat, damoifeau, époux d'Alix de Bort, au fujet de la fucceffion de Hugues de Bort, chevalier, père de Sibyle de Bort, fa femme, de laquelle il avait eu, entre autres enfants :

> 1°. Hugues, dont on va parler;
> 2°. Bernard de Lavandès, chevalier de Saint-Jean de Jérufalem, commandant d'Ydes, témoin d'un acte de reconnaif-

fance féodale faite par Hugues Velhers, de la paroiffe d'Anglars, au profit de Begon Chofcho, damoifeau, le vendredi avant la féte de faint Bernard 1354;

3°. Guillaume de Lavandès, d'Anglars, auffi témoin dans ledit acte de 1354.

HUGUES DE SARTIGES, deuxième du nom, *alias de Lavandès*, damoifeau, puis chevalier, qui affifta au mariage de Dauphine de la Tour-d'Auvergne avec Aftorg d'Aurillac, le 18 avril 1314; à celui de Bertrand IV, fire de la Tour, avec Ifabeau de Lévis, au mois d'octobre 1320. Il tefta le 31 mai 1346, recommandant à fes fucceffeurs l'obéiffance au roi, en mémoire de la fleur de lys d'or que Philippe de Valois lui avait concédée au camp de la Capelle. Il déclara vouloir être inhumé dans l'églife du prieuré de Champagnac, dans laquelle repofaient déjà Bernard de Sartiges, fon aïeul, Julienne d'Alleyrac, fon aïeule, Rigaud, fon bifaïeul & N. de Montmorin, fa bifaïeule, & fonda une meffe anniverfaire pour le repos de l'âme de Bertrand de Sartiges, jadis chevalier du Temple. Il laiffa d'Aftorge d'Apchon :

1°. Georges de Sartiges qui fuit, & peut-être auffi :

2°. Pierre de Sartiges, cofeigneur de Sartiges, qui forma le rameau de *Berc*, paroiffe d'Anglars;

3°. Bernard de Sartiges, damoifeau, qui inveftit Raymonde, femme de Jean-Gilbert, de la paroiffe de Jalleyrac, de divers prés, terres & bois, confrontant avec Chabannes & Ortrigiers, le 15 avril 1358, & qui fut préfent à l'acte de reconnaiffance féodale faite par Pierre Lapeyre de Bourianne à Georges de Sartiges, le 19 août 1362.

GEORGES DE SARTIGES, damoifeau, que dans une précédente généalogie, on avait mal à propos dit fils de Bertrand Iᵉʳ, reçut des reconnaiffances féodales comme cofeigneur de Sartiges, paroiffe de Sourniac, le vendredi après la fête de l'Affomption 1362 & le 11 octobre 1368; rendit lui-même foi & hommage à Guy, fire de la Tour d'Auvergne, le 28 juillet 1374, & vivait encore à Saignes lors du mariage de l'une de fes filles ci-après nommées, le 30 avril 1395. Il avait époufé Marguerite de la Force, de la maifon de Chabannes, fille de Pierre de la Force,

chevalier, feigneur de la Force, près de Charlus, de laquelle naquirent :

1°. Bertrand de Sartiges, qui forma le degré fuivant;

2°. Hélis de Sartiges, époufe de Hugues d'Autreffal (d'Ol-
traffalh), damoifeau, dont la poftérité a poffédé la majeure
partie de la feigneurie de Sartiges jufqu'à 1656, qu'elle paffa
par alliance dans la maifon de Combarel-Gibanel.

3°. Étoile de Sartiges, mariée en premières noces à Jean de
Tournemire, & enfuite par contrat paffé à Saignes, le 30 avril
1395, avec Pierre Paut, feigneur de Montmorand, paroiffe
de Sainte-Anaftafie, neveu du cardinal Guillaume Sudre.

BERTRAND DE SARTIGES, damoifeau, feigneur de Lavandès, de la Force, de Beyffat & autres lieux, était encore
mineur & fous l'adminiftration de fon père, lorfqu'il fut
inftitué héritier de Pierre de la Force, chevalier, fon aïeul
maternel, par teftament du famedi après la fête de faint
Jean-Baptifte 1374. On a de lui un grand nombre d'actes,
dont le dernier eft du 12 juin 1423. Il paraît avoir été marié deux fois ; mais on n'en a pas la preuve certaine. Il laiffa,
de Dauphine de Guerin, dame de Beyffat, près de Marin-
gues & de la Chaffaigne, près de Thiers, plufieurs enfants,
entre autres :

1°. Pierre de Sartiges, qui, agiffant en son nom & en celui
d'Antoine, fon frère, rendit hommage à Pierre de Beaufort,
vicomte de Turenne, feigneur de Charlus, à caufe de Lavandès & de la Force, le 24 septembre 1433; affifta au mariage de Randonne, fa fœur, au mois de juin 1434; affigna
la dot de Gabrielle, fon autre fœur, en janvier 1444, et ne
vivait plus le 6 feptembre 1454. Il avait époufé Jeanne de
Cayrac, de laquelle naquirent fix filles, dont quatre furent
mariées dans les familles de la Ronnade, de Néreftang & de
Mefchin. Les deux autres furent religieufes à Brageac & à
Bonnefaigne;

2°. Antoine de Sartiges, qui continua la poftérité;

3°. Randonne de Sartiges, laquelle n'avait que 16 ans lorfqu'elle fut accordée, le 29 mai 1434, & mariée, le 20 juin
fuivant, à Guillaume Seguin, de la ville de Billom;

4°. Gabrielle de Sartiges, mariée, avant le 31 janvier 1444,
à Jean de Cologne, écuyer de la ville de Vic-le-Comte, capi-

taine des château & baronnie de la Tour, pour le comte de Boulogne & d'Auvergne.

ANTOINE DE SARTIGES, damoiſeau, ſeigneur de Lavandès, de la Force, de la Rouſſilhe, du Vignal & autres lieux, était, en 1431 & 1434, ſous la tutelle de Pierre, ſon frère, avec lequel il reſta longtemps commun en biens. Ils tranſigèrent enſemble le 13 novembre 1437 & le 6 octobre 1447. Antoine de Sartiges, reſté ſeul ſeigneur de Lavandès, de la Force, &c., traita avec Jeanne de Cayrac, ſa belle-ſœur, le 20 avril 1458. Les papes Paul II & Sixte IV lui accordèrent, par indults des 3 octobre 1465 & 22 décembre 1474, diverſes indulgences & priviléges pour avoir contribué à délivrer de l'eſclavage des chrétiens pris par les Sarraſins. Il fit foi-hommage à Bertrand VII, ſire de la Tour, comte de Boulogne & d'Auvergne, au château de Saint-Saturnin, le 9 août 1469, tranſigea de nouveau avec Jeanne de Cayrac & ſes filles, le 7 juin 1484; fit un échange avec Louis, comte de Ventadour, baron de Charlus, le 31 juillet 1490, & teſta le 29 ſeptembre 1493. De ſon mariage avec Catherine de Leſpinaſſe de Malengue, iſſurent entre autres enfants :

1°. Jean de Sartiges, qui forme le degré ſuivant;

2°. Louis de Sartiges, dit de Lavandès, tué à l'armée d'Italie, ſuivant enquête du 8 juin 1520;

3°. Antoinette de Sartiges, dite de Lavandès, laquelle était religieuſe à l'abbaye de la Règle, à Limoges, & n'avait que vingt ans lorſque, par bulle du pape Jules II, du 4 des nones de mai 1507, elle fut pourvue du prieuré de la Mongerie, ordre de Saint-Benoît, en Limouſin, puis tranſférée au prieuré de Champagnac, en Auvergne, dont elle prit poſſeſſion le 25 mai 1539, & qu'elle réſigna en faveur d'autre Antoinette de Sartiges, ſa nièce, en 1542. Elle vivait encore en 1548 & 1553, époque à laquelle elle était en diſcuſſion avec Catherine d'Auriol, qui avait ſuccédé à ſadite nièce au prieuré de Champagnac, en 1548.

JEAN DE SARTIGES, écuyer, ſeigneur de Lavandès, inſtitué héritier par ſon père, le 29 ſeptembre 1493, fit foi-hommage à Jean de Chabannes, baron de Curton, comptour de Saignes, le 15 juillet 1503, & à Jean de Lévis, baron de Charlus, les 31 mai 1516 & 1er octobre 1518. Il obtint du pape Léon X, au mois de novembre 1518, une bulle adreſſée aux officialités de Tulle, de Cahors & de Limoges, leur enjoignant de rechercher les détenteurs de divers biens meubles & immeubles, cens, rentes, or & argent que ledit de Sartiges avait à réclamer en ſa qualité d'héritier de feu Antoine, ſon père. Jean de Sartiges teſta le 28 mars 1529. Il avait épouſé, le 16 janvier 1512, Jeanne de la Villate, fille de feu Antoine de la Villate, ſeigneur de Montroux, & de Jacquette de Claviers. Il en eut :

> 1°. Aymon de Sartiges, qui continua la lignée ;
>
> 2° & 3°. Jean & Jacques, dont le ſort eſt ignoré ;
>
> 4°. Antoinette de Sartiges, dite de Lavandès, qui ſuccéda à sa tante comme prieure de Champagnac, ſuivant bulle du pape Paul III, datée du 12 des calendes de juin 1542. Elle mourut avant février 1548.

AYMON DE SARTIGES, ſeigneur de Lavandès, de la Force, de la Rouſſille, du Broc, du Laurens, de Chabrier, de Combret & de la Chaiſe, était encore mineur en 1536 ; il fit foi-hommage au Roi entre les mains du ſénéchal d'Auvergne, le 29 juillet 1540, obtint des lettres-royaux de relief contre le juge de Charlus, le 29 janvier 1563, & une atteſtation de ſervices militaires dans une des compagnies d'ordonnance, le 15 août 1568. Il vivait encore en 1577. Du mariage qu'il avait contracté, le 18 mai 1539, avec Claudine de Pleaux, fille de feu Antoine de Pleaux, coſeigneur de ladite ville, & de dame Guine de Saint-Aulaire, naquirent trois fils & trois filles, entre autres :

> 1°. Léger de Sartiges qui ſuit ;
>
> 2°. Pierre de Sartiges, auteur de la branche de LA CHASSAIGNE, ſieurs d'Anjalhac-Jalleyrac, rapportée plus loin.

LÉGER DE SARTIGES DE LAVANDÈS, ſeigneur de Lavandès, &c., fut ſubſtitué au nom & armes de la maiſon de Pleaux par teſtament de Pierre de Pleaux, ſon oncle maternel, le 8 mars 1554, au cas où Marguerite de Pleaux, fille unique du teſtateur, n'aurait pas d'enfants ; mais ce cas ne s'étant pas réaliſé, la ſubſtitution reſta ſans effet.

Léger de Sartiges fit une acquifition le 11 novembre 1573, tranfigea au nom de fon frère le 11 juin 1575, & ne vivait plus le 26 avril 1583. Il s'était allié, par contrat du 29 juillet 1571, ratifié le 6 feptembre fuivant, avec Jacqueline de Turenne, fœur d'Arnaud, de Hugues & de Guillaume de Turenne, tous enfants de Jean de Turenne, baron de Durfort & de Sourfac, & de Suzanne de Rillac. Il en eut trois enfants, dont un fils & deux filles :

1°. Claude de Sartiges, qui va suivre;

2°. Jeanne de Sartiges, mariée le 16 août 1592, avec Antoine de Chaumeil, et morte fans enfants;

3°. Françoife de Sartiges, dite *de Lavandès*, mariée, le 24 feptembre 1595, à Melchior de Durfort, feigneur de la Brande & de Darazac, en Limoufin.

CLAUDE DE SARTIGES, premier du nom, dit de Lavandès, lèquel était mineur en 1583. Il époufa, par contrat du 28 juillet 1591, ratifié le 20 octobre fuivant, Geneviève de la Gâne, fille de feu Jean de la Gâne, feigneur du Martirel ou Martinet, en Limoufin, & de dame Jacquette du Valens, & nièce de Suzanne de la Gâne, mariée en 1567 au baron de Salers. Claude de Sartiges tefta le 14 décembre 1596, laiffant :

1°. Charles, qui forme le degré fuivant;

2°. Jean de Sartiges, dit de Lavandès, tige du rameau *de Fondonnet* (Voir page 11).

CHARLES DE SARTIGES, dit de Lavandès, feigneur de Lavandès, de la Force, de Combret & de la Chaife, avait à peine dix ans lorfqu'il fut accordé en mariage, du confentement de fa mère & du confeil de famille, le 30 décembre 1602, avec Jeanne de Textoris, fille également mineure d'Aymon de Textoris & de Michelle de Mouffy. Il fervit à la réduction de Sancerre, en 1621; au fiége de la Rochelle, en 1627; plus tard, en Rouffillon & en Catalogne; fut convoqué le 23 février 1649 pour affifter le 1er mars fuivant, à l'affemblée des États de la haute Auvergne à Aurillac, à l'effet de nommer un député aux États généraux du royaume qui devaient s'affembler à Orléans, & il concourut avec fon fils

qui fuit à une fondation faite dans l'églife de Champagnac,
le 17 juillet 1650.

Jean-Gabriel de Sartiges, feigneur de Lavandès, de
Combret & de la Chaife, époufa le 4 janvier 1638, Françoife d'Anglars, fille de feu Jean d'Anglars, feigneur de la
Garde, & de Françoife de Maflaurent. Il fervit aux guerres
de Guienne, de Catalogne & de Flandre, de 1651 à 1664;
fut maintenu dans fa nobleffe d'extraction avec d'autres
parents, le 15 décembre 1666; fit foi-hommage au roi le
20 feptembre 1669, & vivait encore le 28 feptembre 1681.
De fon mariage fus-énoncé iffurent douze enfants, dont
cinq feulement vivaient en 1671.

> 1°. Charles de Sartiges, deuxième du nom, qui fuit;
>
> 2°. Claude de Sartiges, dit de Combret, garde du corps du
> Roi, compagnie de Noailles, tué à la bataille de Senef, le
> 11 août 1674;
>
> 3°. Jeanne de Sartiges, mariée le 7 février 1668, à Aymon
> de Sartiges, son coufin, fieur d'Anjalhac;
>
> 4°. Catherine de Sartiges, mariée, 1°. à Gabriel de Maffé,
> feigneur de la Maifon-Rouge; 2°. en feptembre 1681, à Jean-
> Louis de Loubens de Verdalle, écuyer, feigneur de Remorand,
> fils de Louis & de Marie de Bonneval;
>
> 5°. Françoife de Sartiges, qui époufa, le 3 juillet 1677,
> Maurice du Moulier, feigneur de Prades et du Rieu.

Charles de Sartiges, deuxième du nom, né en 1644,
fervit d'abord comme lieutenant de cavalerie au régiment
de Charlus, puis en qualité de capitaine aux dragons de
Saint-Nectaire. Il fut marié trois fois : 1°. le 9 février 1671,
à Marie-Françoife de la Croix de Caftries, fille de feu François de la Croix, baron d'Anglars, cofeigneur de la ville
d'Uffel, & de dame Anne de Saint-Quentin-Beaufort; 2°. le
13 juillet 1683, à Marie-Renée de Montclar; 3°. le 3 feptembre 1712, avec Marguerite le Couvreur, veuve de
François de Joncoux, feigneur de Fangoufe.

Enfants du premier lit.

> 1°. Claude de Sartiges, deuxième du nom, qui forma le
> degré fuivant;

2º. Catherine de Sartiges, mariée, le 11 juin 1704, à François de Chazelles, feigneur d'Œillet & de Roche-Saleſſe;

3º. Jeanne de Sartiges, mariée, le 11 avril 1706, à François de Sartiges, feigneur de Sourniac.

Enfants du ſecond lit.

4º. Catherine de Sartiges, qui épouſa, le 10 août 1702, Jean du Bois, feigneur de Saint-Étienne;

5º. Antoinette de Sartiges, mariée, avant 1718, à Louis-Charles de Combarel de Gibanel, baron de Sartiges, du chef de Catherine d'Autreſſal, ſon aïeule.

CLAUDE DE SARTIGES, deuxième du nom, feigneur de Lavandès, du Combret & de la Chaiſe, entra comme cornette au régiment de Lévis-cavalerie, le 8 juillet 1691, y fut fait lieutenant le 22 décembre 1697, & ſervait en Franche-Comté, le 2 mai 1701. Il était inſpecteur des haras de la province d'Auvergne en 1707, & il teſta le 14 octobre 1723. Il avait épouſé, le 1ᵉʳ juillet 1699, Marguerite-Françoiſe de Joncoux, fille de François de Joncoux, feigneur de Fangouſe, l'un des cent gentilshommes de la maiſon du Roi, & de Marguerite le Couvreur. De cette union ſont ſortis trois fils & trois filles :

1º. François de Sartiges, qui forma le degré ſuivant;

2º. Aymon de Sartiges, lieutenant de cavalerie au régiment de Lévis, mort à l'armée de Bohême, le 3 février 1742;

3º. Jacques de Sartiges, lieutenant au régiment de Rohan-cavalerie, mort à l'armée de Flandre et inhumé dans l'église de Wilryck, près d'Anvers, le 1ᵉʳ octobre 1748;

4º. Marguerite de Sartiges, épouſe de Jean-Hyacinthe Chasteau, feigneur de Chayſſac & de Rochemont;

5º. Anne de Sartiges, alliée, le 24 janvier 1730, à Jacques de Boſredon, feigneur de Saint-Avit;

6º. Marie-Louiſe de Sartiges, admiſe à la maiſon royale de Saint-Cyr, le 9 juin 1727.

FRANÇOIS DE SARTIGES, qualifié comte de Lavandès, feigneur de Combret & de la Chaiſe, né le 26 ſeptembre 1702, fut nommé lieutenant de cavalerie au régiment de Charlus, le 25 avril 1720, & il était capitaine réformé en 1749. Il fit ſon teſtament au château de Lavandès, le 21 novembre

1750; il avait époufé, le 2 feptembre 1743, Françoife d'Anglars, fille d'Antoine d'Anglars, feigneur de Baffignac, chevalier de Saint-Louis, & de Marie-Julienne de Pons. Il en eut :

1°. Antoine-Marguerite de Sartiges, comte de Lavandès, né en 1746, admis aux pages du duc d'Orléans, le 7 novembre 1760, mort fans alliance, à Paris, le 15 mars 1779;

2°, 3° & 4°. Jacques, Hyacinthe & Guy de Sartiges, morts en bas âge;

5°. Marie-Pierrette-Françoife de Sartiges, mariée, le 13 janvier 1766, à Jean-Jérôme de Ribier, feigneur de Chavaniac.

RAMEAU DE FONDONNET.

L'AUTEUR de ce rameau fut Jean de Sartiges de Lavandès, fils puîné de Claude, feigneur de Lavandès & de Geneviève de la Gâne. Il époufa par contrat du 4 janvier 1638, Françoife de Maslaurent, veuve de Jean d'Anglars, feigneur de la Garde. Il fut père de trois enfants :

1°. Charles de Sartiges, qui fait le degré fuivant;

2°. François, prêtre, docteur en théologie, 1680;

3°. Catherine, mariée, le 17 feptembre 1670, avec François de Rochemonteix, fieur de la Cofte, fuivant quittances de dot de 1674 & 1675.

CHARLES DE SARTIGES, fieur de Fondonnet, époufa par contrat du 22 octobre 1662, Catherine Pigot, fille de Jean & de Marguerite de Chavialle. Il fut maintenu dans fa nobleffe avec fes autres parents en 1666. Il fut père d'un fils mort jeune & de quatre filles :

1°. Anne, époufe de Charles Galvaing, bailly du comté de Charlus;

2°. Marie, veuve, avant le 18 juin 1701, de Jean Rodde, feigneur de Teyroux, officier de la chambre du roi;

3°. Jeanne, également veuve, avant le 18 juin 1701, d'Antoine Tyffandier, lieutenant-général au baillage royal de Salers;

4°. Françoise, qui époufa, avec difpenses pour caufe de pa-
renté, le 2 octobre 1674, Pierre d'Anglars, fieur de la Garde,
capitaine au régiment de Coutteuge. Elle fut affiftée de fes père
& mère, qui la nommèrent leur héritière univerfelle. La poftérité de Pierre d'Anglars s'eft récemment éteinte en la per-
fonne de Mlle d'Anglars de la Garde, époufe de M. Marc-An-
toine de Ribier de Chavagnac.

SEIGNEURS D'ANJALHAC, DE LA CHASSAIGNE
& D'ESTILLOL,

PAROISSE DE JALLEYRAC.

 ETTE branche a eu pour chef Pierre de Sartiges
de Lavandès, fils puîné d'Aymon de Sartiges,
feigneur de Lavandès & de Claudine de Pleaux.
Il époufa, en préfence de fon père, le 21 janvier
1577, Anne-Antoinette de Roux, fille de François de Roux,
de la ville de Mauriac, laquelle était veuve en 1599. De
cinq enfants qu'elle avait alors, trois furent mariés :

1°. Charles de Sartiges qui fuit;

2°. Jacqueline de Sartiges, dite de Lavandès, alliée, le
12 janvier 1599, à Claude de Murat, feigneur de Montfort,
fils de Barthélemy de Murat-Rochemaure, & de dame Catherine de Lévis;

3°. Antoinette de Lavandès, qui époufa, le 14 décembre
1612, Bernard de Maumont, feigneur de Saint-Bonnet, en
Limoufin.

CHARLES DE SARTIGES, dit de Lavandès, feigneur de la
Chaffaigne & d'Anjalhac, fut marié le 8 août 1608, à Jeanne
du Châtelet, fille d'Antoine du Châtelet, feigneur du lieu
de même nom, & de dame Catherine de Caiffac de Sé-
daiges. Il tefta le 15 mai 1632, & fa veuve le 29 avril 1637.
De leur mariage provinrent fix enfants, entre autres :

1°. François de Sartiges, qui forma le degré fuivant;

2°. Jean de Sartiges, auteur de la branche DE SOURNIAC;

3°. Antoinette de Sartiges, dite de Lavandès, mariée, en
1638, à Jean d'Autreffal, feigneur de Sartiges & du Bouix.

François de Sartiges, dit de Lavandès, sieur d'Anjalhac, épousa, par contrat passé à Saint-Céré, en Quercy, le 12 juin 1641, Antoinette de Macip, fille de feu Pierre de Macip, seigneur de Grugnac ou Guignac. Il servit longtemps dans la compagnie d'ordonnance du prince de Condé, en Flandre, en Navarre, en Catalogne, & vivait encore en 1668. Il eut plusieurs enfants, entre autres deux fils :

1°. Aymon de Sartiges, qui continua la lignée ;
2°. Emmanuel, étudiant à Toulouse, en 1666.

Aymon de Sartiges, seigneur d'Anjalhac. Celui-ci servit avec distinction dans la compagnie de gentilshommes chevau-légers commandée par M. de Sourfac, suivant attestation de Claude d'Alègre, sénéchal d'Auvergne, du 1ᵉʳ décembre 1674. De son mariage contracté le 7 février 1668, avec Jeanne de Sartiges, sa cousine, fille de Jean-Gabriel, seigneur de Lavandès, & de Françoise d'Anglars, naquirent :

1°. Emmanuel de Sartiges, dont l'article suit ;
2°. Gabriel de Sartiges, prêtre, licencié en théologie, curé de Varennes, en Bourbonnais, mort en 1748.

Emmanuel de Sartiges, seigneur d'Anjalhac, marié le 17 février 1697 avec Catherine de Scorailles, fille d'Annet de Scorailles, seigneur de Mazerolles, & de Diane-Magdeleine de Salers. De cette union issurent :

1°. Charles de Sartiges, qui suivra ;
2°. Christophe de Sartiges, mort au service du roi, avant le 3 octobre 1730 ;
3°. Maurice de Sartiges, officier au régiment de Lévis, en 1730 ;
4°. François de Sartiges, mort célibataire, le 3 janvier 1743 ;
5°. Marie-Françoise de Sartiges, alliée, le 27 février 1714, à Guillaume de Ribier, seigneur de Lascombes.

Charles de Sartiges, deuxième du nom, seigneur d'Anjalhac & d'Estillol, officier au régiment de Lévis en 1730, épousa le 30 mai 1735, Magdeleine de Fontanges, fille d'Antoine de Fontanges, seigneur de Haute-Roche, de Vernines, de Fournols & de la Clidelle, & de dame Marguerite

de Longa, fa première femme, & fœur confanguine de
Marie Elifabeth de Fontanges, époufe de M. de Sartiges de
Sourniac. Charles de Sartiges décéda le 26 février 1750, &
fa femme le 25 avril 1756, laiffant, entre autres enfants qui
leur furvécurent :

1°. Guillaume de Sartiges, qui fervit aux gendarmes de la
garde de la Reine jufqu'au licenciement de ce corps, en 1788.
Il reçut la croix de Saint-Louis en mars 1788, & mourut célibataire à Eftillol, le 8 novembre 1789 ;

2°. Elifabeth-Marie de Sartiges, morte la dernière de fa
branche, à Eftillol, en 1817 ;

3°. Magdeleine-Ifabeau de Sartiges, admife chanoinefle
dame de juftice de l'ordre de Malte, à Beaulieu en Quercy, en
1771, morte à Eftillol, le 27 avril 1797.

SEIGNEURS DE SOURNIAC, DE VERNINES,
DE FOURNOLS, DE BILGEAC,

QUALIFIÉS MARQUIS, COMTES ET VICOMTES DE SARTIGES.

L'AUTEUR de cette branche fut Jean de Sartiges, dit
de Lavandès, feigneur de la Chaffaigne, fils
puîné de Charles de Sartiges-Lavandès, feigneur
d'Anjalhac, & de Jeanne du Châtelet. Il fervit
avec fon frère dans la compagnie d'ordonnance du prince
de Condé, & prit alliance le 20 mars 1660, avec Marie de
la Garde, fille de Gabriel de la Garde, l'un des cent chevau-
légers de la garde du Roi, & d'Anne d'Autreffal, héritière
de Sourniac. Jean de Sartiges fut maintenu dans fa nobleffe
avec fes autres parents, le 15 décembre 1666, fit foi-hommage au Roi les 8 juillet 1669, 21 janvier 1684 & 12 octobre 1685, & ne vivait plus le 11 avril 1706. De huit enfants
nés de fon mariage, trois laiffèrent poftérité :

1°. François de Sartiges, feigneur de Sourniac, dont l'article fuit ;

2°. Jean de Sartiges, auteur de la branche dite DE LA PRADE ;

3°. Aymon de Sartiges, auteur de la branche établie à MONT-
CLAR, ci-après rapporté.

Fʀᴀɴçᴏɪs ᴅᴇ Sᴀʀᴛɪɢᴇs, feigneur de Sourniac, né le
28 mai 1661, fervait en qualité de lieutenant au régiment
du Perche, en 1693. Il époufa, le 11 avril 1706, Jeanne
de Sartiges, fa parente, fille de Charles, deuxième du
nom, feigneur de Lavandès, de Combret & de la Chaife,
& de Marie-Françoife de la Croix de Caftries, fa première
femme. De cette union naquirent, entre autres enfants :

1°. Charles de Sartiges, qui forma le degré fuivant;

2°. François de Sartiges, capitaine au régiment de Rohan,
marié le 28 août 1759, à Marie du Mont-de-Beaufort, dame
de Beaufort, en Limoufin, dont deux fils :

    a. Jean-Baptifte de Sartiges de Beaufort, né le 5 avril
    1763 ; élève de l'école militaire le 11 mai 1772; capitaine
    de grenadiers au régiment de Béarn le 13 janvier 1792,
    & aide-de-camp du général de Boifgelin la même année.
    Il quitta le fervice après la mort du Roi en 1793, & mou-
    rut à Beaufort le 26 janvier 1811, fans laiffer d'enfants,
    de Julie de la Haye qu'il avait époufée au Hâvre le 12
    avril 1792.

    b. François de Sartiges, dit le chevalier de Beaufort, né
    le 13 juillet 1770, paraît avoir laiffé une fille mariée à
    M. de Combarel du Gibanel, en Limoufin.

3°. Jean-Baptifte de Sartiges, officier porte-étendard des
gardes-du-corps du Roi, compagnie de Charoft, chevalier de
Saint-Louis, penfionné le 7 août 1779. Il décéda célibataire à
Sourniac, le 7 août 1795.

Cʜᴀʀʟᴇs ᴅᴇ Sᴀʀᴛɪɢᴇs, qualifié comte, puis marquis de
Sartiges, feigneur de Sourniac, chevalier de Saint-Louis,
époufa, le 19 février 1727, Marie-Elifabeth de Fontanges,
dame de Vernines, de Fournols & de Villejacques, fille de
meffire Antoine de Fontanges, feigneur des mêmes lieux,
& d'Anne de Pannevère, fa feconde femme. De cette union,
vinrent fept enfants :

1°. François II, qui continua la lignée.

2°. Pierre-Antoine de Sartiges, admis chanoine-comte au
chapitre de Lyon, le 15 décembre 1775, & nommé vicaire-
général du même diocèfe, le 27 octobre 1777 ;

3°. Charles de Sartiges, admis au même chapitre le 19 novembre 1777, & nommé vicaire-général de l'évêché de Clermont, le 10 décembre 1780;

4°. Pierre-François de Sartiges, dit le chevalier de Sourniac, capitaine au régiment de Neuftries en 1780, chevalier de
Saint-Louis, le 11 feptembre 1790, émigré en 1792, retraité
comme colonel en 1814, mort célibataire le 7 janvier 1819

5°. Pierre-Antoine-Simon, dit le vicomte de Sartiges, capitaine du génie en 1780. chevalier de Saint-Louis, en 1790,
émigré en 1792, colonel en 1800, maréchal de camp le 13 décembre 1814, décédé célibataire le 25 avril 1820;

6°. & 7°. Magdeleine & Marguerite de Sartiges, admifes fur
preuves chanoineffes-comtefes au chapitre de Remiremont
en 1788, mortes en 1808 & 1817.

FRANÇOIS DE SARTIGES, deuxième du nom, comte de
Sartiges & de Sourniac, feigneur de Vernines, de Fournols, de Bilgeac, du Planchat, de Guéry & autres lieux,
fit plufieurs campagnes, & fe trouva à diverfes batailles
en Allemagne, en qualité de capitaine au régiment Royal-
Comtois, de 1746 à 1769; fut fait chevalier de Saint-
Louis le 4 mai 1771, & infpecteur général des haras d'Auvergne la même année. Il racheta du comte de Combarel,
le 16 décembre 1767, la terre de Sartiges, berceau de la
famille, & en obtint la réunion à celles de Sourniac & de
Lavaur, avec titre de comté, le 17 juillet 1786. Le comte
de Sartiges fut incarcéré pendant la Terreur, & ne recou-
vra la liberté qu'à la chute de Robefpierre. Il mourut à
Sourniac le 11 juillet 1804, laiffant de Marie-Gilberte de
Talemandier de Guéry, qu'il avait époufée le 24 juin 1764,
trois fils qui fuivent :

1°. Louis-Jofeph-François, comte de Sartiges, né en 1767,
officier aux gardes françaifes en 1784, admis aux honneurs de
la cour en mai 1789, réemployé comme lieutenant-colonel, de
1814 à 1821, chevalier de Saint-Louis le 7 mars 1815, mort
célibataire aux bains de Schlangenbad, duché de Naffau, en
1837;

2°. Charles-Gabriel-Eugène de Sartiges, porté plus loin;

3°. Antoine-François-Gilbert de Sartiges, qui fuit :

ANTOINE-FRANÇOIS-GILBERT, comte de Sartiges de Sourniac, né le 3 février 1772, & mort à Sourniac en mai 1850,
entra au fervice en qualité d'officier au régiment de Neuftrie
le 16 juin 1790, émigra en 1792, fit toutes les campagnes de

l'armée de Condé jufqu'au licenciement en 1801. Il époufa,
le 9 octobre 1803, Louife-Suzanne de Chabannes, fille de
Claude-François, marquis de Chabannes, pair de France
de 1815 à 1830, & de dame Marie-Henriette de Four-
vières de Quincy. Il en a eu trois enfants :

1°. François-Louis-Marie, qui fuit :

2°. Gilberte-Marie-Henriette de Sartiges, née en 1804, religieufe à Saint-Flour, morte en 1859;

3°. Marie-Cornélie-Zoé-Vitaline de Sartiges, née en 1809,
mariée le 11 mai 1830 à M. Gillet d'Auriac, de Saint-Flour,
& morte le 16 janvier 1833.

François-Louis-Marie, comte de Sartiges de Sourniac,
réfidant au château de Sourniac, eft né le 8 juin 1806,
& il a époufé, en 1848, demoifelle Sophie d'Anglars de
Baffignac, fille du comte Camille d'Anglars-Baffignac, &
de dame Hélène de Mufy. De cette union font venus :

1°. Hélène-Jeanne-Marie de Sartiges, née le 3 février 1849;

2°. Louife-Henriette-Joféphine-Pauline-Fernande de Sartiges, née le 19 mars 1853;

3°. Auguftine-Marie-Henriette de Sartiges, née le 21 avril
1857;

4°. Aymon-Jean-Louis-Camille de Sartiges, né le 5 février
1861.

RAMEAU DÉTACHÉ DE LA BRANCHE DE SOURNIAC.

Charles-Gabriel-Eugène de Sartiges, né à Sourniac, le 10 novembre 1770, fils puîné de François II, comte de Sartiges, & de Marie-Gilberte
de Talemandier, fervit dans la marine royale
de 1787 à 1805; fut nommé fous préfet de Gannat en 1807
& préfet de la Haute-Loire le 16 juin 1814; chevalier de
Saint-Louis le 23 juillet de la même année, & breveté capitaine de vaiffeau honoraire, à prendre rang du mois de
décembre 1814. Il mourut à Lyon le 9 juillet 1827. Il avait
époufé, le 19 juillet 1802, Françoife-Félicité de Barry,
fille de Balthazard de Barry, ancien major d'infanterie,

chevalier de Saint-Louis, & de Marie-Madeleine de la Roche-du-Rouzet, habitant à l'Ile-de-France. Mme de Sartiges est décédée à Clermont-Ferrand, le 13 février 1857.

De ce mariage sont issus :

1°. Etienne-Gilbert-Eugène, comte de Sartiges, qui va suivre ;

2°. Blanche-Gilberte-Stéphanie de Sartiges, née le 26 juillet 1812, mariée en 1832, à M. Adrien du Closel, de Champfollet.

Etienne-Gilbert-Eugène, comte de Sartiges, né le 17 janvier 1809, a été successivement secrétaire de légation au Brésil, en Grèce, à Constantinople, de 1830 à 1844 ; chargé d'affaires en Perse de 1844 à 1849 ; puis ministre plénipotentiaire aux Etats-Unis d'Amérique de 1851 à 1859 ; auprès du roi des Pays-Bas, le 7 décembre 1859 ; auprès du roi d'Italie, en octobre 1862, & enfin ambassadeur près du Saint-Siége, le 13 octobre 1863. Il est grand officier de la Légion d'honneur & décoré de plusieurs ordres étrangers.

Il a épousé en Amérique, le 21 septembre 1852, Anna Thorndike, de laquelle sont nés trois enfants, savoir :

1°. Eugène de Sartiges, né à Wasingthon, en juin 1853 ;

2°. Marie-Elisabeth de Sartiges, née le 16 mars 1855, à Wasingthon ;

3°. Louis de Sartiges, né à Paris le 27 octobre 1859.

BRANCHE DITE DE LA PRADE

ÉTABLIE AU VIGEAN.

ELLE a été formée par Jean de Sartiges, sieur de la Prade, second fils d'autre Jean de Sartiges, seigneur de Sourniac, & de dame Marie de la Garde. Il était officier au régiment du Perche en 1693, & il épousa, le 30 janvier 1709, dame Marie Senaud, déjà veuve de Guy de Balmes, & fille de Claude Se-

naud, de la ville de Mauriac, & de Jeanne Bordier. Elle
le rendit père de :

JEAN-BAPTISTE DE SARTIGES DE LA PRADE, allié le 26 janvier 1745 à Marie de Montclar, fille de Jacques-Antoine
de Montclar, feigneurs de la Trémolière & d'Anglars, &
de dame Marie-Anne de Mathieu, laquelle lui a donné
fept enfants, dont plufieurs font morts fans alliance.
Nous citerons :

> 1°. Jacques-Antoine de Sartiges, qui fuivra ;
>
> 2°. Jean-François de Sartiges, qui aura auffi fon article ;
>
> 3°. François de Sartiges, prêtre, curé de Vodable, mort le
> 23 feptembre 1822 ;
>
> 4°. & 5°. Marie & Marguerite de Sartiges, reçues dames
> chanoineffes de l'ordre de Malte à Beaulieu-Iffindolus, en
> Quercy, en 1782, & décédées à Mauffages (Cantal) en 1836
> & 1839.

JACQUES-ANTOINE- DE SARTIGES DE LA PRADE, né au Vigean, près de Mauriac, le 1er août 1747, acquit en 1798,
la baronnie de Durfort-Sourfac, en Limoufin, où il mourut, le 8 mars 1804, laiffant de dame Antoinette Bouchy,
fa femme, huit enfants, dont trois garçons, favoir :

> 1°. Jean-François de Sartiges qui fuit ;
>
> 2°. Louis de Sartiges, tué au fiége de Dantzig, en 1813.
>
> 3°. Jean-Baptifte de Sartiges, célibataire.

JEAN-FRANÇOIS, BARON DE SARTIGES DE DURFORT, fous-
infpecteur des forêts de l'Etat, actuellement retraité, eft né
au Vigean le 26 mai 1786. Il a époufé 1°. le 26 octobre
1813, Marie de Faure de Chazours, fille de Louis de
Faure de Chazours, en Bourbonnais, & de Marie du
Pleffis de Tréoudal. Elle eft morte fans enfants, le 14 janvier 1848 ; 2°. le 20 novembre 1850, Delphine de Narbonne-
Pelet, fille de Michel-Claude-Gafpard-Félix-Jean-Raymond
de Narbonne-Pelet, ancien fous-préfet, & de Thérèfe
Tallien. De cette union font iffus :

> 1°. Jean-Guftave de Sartiges, né le 30 janvier 1852 ;

2°. Delphine-Théréfia, née le 27 avril 1854;
3°. Jean-Raoul, né le 19 décembre 1859.

RAMEAU D'ANGLES.

EAN-FRANÇOIS DE SARTIGES DE LA PRADE, fils puîné de Jean-Baptifte de Sartiges de la Prade, & de Marie de Montclar, naquit au Vigean le 1er août 1748, fervit quelque temps en qualité de cadet, au régiment Royal-Comtois, & il époufa, le 8 janvier 1778, Antoinette-Marguerite Delprat d'Angles, fille de Guillaume & de Marguerite de Lom. Il eft mort à Angles, le 6 mars 1807, laiffant fept enfants, dont deux fils :

1°. Jean, baron de Sartiges d'Angles, né le 1er novembre 1789, marié à Paris, le 21 février 1824, à Thérèfe-Anne-Joféphine-Guilaine Domis de Semerpont, fille de Jean-Paul Domis de Semerpont, confeiller au confeil fouverain du Brabant, & de Marie-Françoife de Nachtegael. Elle eft morte fans enfants à Bruxelles, le 4 mai 1847. Le baron de Sartiges eft commandeur de l'ordre pontifical de Saint-Grégoire-le-Grand que Sa Sainteté le Pape Pie IX lui a conféré, par diplôme du 13 janvier 1865.

2°. Julien de Sartiges, né en 1802, & mort garde-du-corps du Roi le 29 novembre 1823.

BRANCHE ETABLIE A MONTCLAR,

COMMUNE D'ANGLARS.

YMON DE SARTIGES, écuyer, fieur de Las Plazes, troifième fils de Jean de Sartiges, feigneur de Sourniac, & de dame Marie de la Garde, époufa par contrat reçu Gros & Laporte, notaires à Salers, le 6 octobre 1703, Marie-Jacqueline Lafon, fille de Pierre Lafon, de Montclar, & de Madeleine Ebrard. Il mourut le 13 mai 1741, laiffant entre autres enfants :

ANTOINE DE SARTIGES, écuyer, marié le 11 janvier 1763, à Anne Griffol, fille de Jean Griffol & d'Anne Jourde. De cette union font nés entre autres enfants, deux fils, favoir :

1°. Pierre de Sartiges, né le 1er août 1765, cadet-gentilhomme au régiment d'Auftrafie, le 28 novembre 1779, lieutenant le 24 juin 1783, capitaine en 1791, émigré en 1792, chevalier de Saint-Louis à l'armée de Condé en 1796, confirmé par brevet du 31 octobre 1814; chef de bataillon & retraité le 25 février 1816. Il eft décécé maire de la commune d'Anglars le 18 juin 1823. Il avait époufé le 25 février 1808, Jeanne de Baron de Layac, fille de Jean & de Gabrielle du Plantadis. De ce mariage eft iffue une fille Agathe de Sartiges, aujourd'hui époufe de M. Pangaud à Montluçon;

2°. François de Sartiges, dit le chevalier de Sartiges, entré avec fon frère au régiment d'Auftrafie en 1779, fit comme lui les campagnes dans l'Inde de 1783 à 1785, fut promu au grade de lieutenant cette dernière année & à celui de capitaine en 1791. Émigré l'année fuivante, il fit les campagnes de l'armée de Condé où il reçut en 1796 la décoration de Saint-Louis, qui lui fut confirmée le 20 août 1814; retraité comme chef de bataillon le 6 octobre 1816. Il eft mort célibataire à Montclar, le 20 feptembre 1855, âgé de 91 ans.

RAMEAU DU VIGNAL & DE MONTFORT.

RAYMOND DE SARTIGES, *alias* DU VIGNAL, damoifeau, quatrième fils de Gautier de Sartiges, chevalier, confirma, le vendredi après la Purification 1314, l'inveftiture qu'il avait accordée, douze ans auparavant, à Barthélemy Durand, du lieu de Soutz, paroiffe de Jalleyrac, pour le mas du Pommier, fitué audit lieu de Soutz, compofé de maifon, courtil, prés, terres, pacages & bois, moyennant divers cens & rentes en argent, grains & la taille aux quatre cas. Raymond eft rappelé dans les actes ci-après cités. Il laiffa cinq enfants :

1°. Bertrand de Sartiges, *alias* de Montfort, qui fuit;
2°. Bernard de Sartiges du Vignal, archiprêtre de Mauriac,

qui, par acte du jeudi après la Touffaint 1317, fit donation à Bertrand de Sartiges, fon coufin-germain, de tous les droits qu'il avait ou pouvait avoir au territoire de Sartiges. Bernard de Sartiges fit une femblale ceffion à Bertrand, fon frère, pour tous les droits héréditaires qu'il avait fur Montfort & Soutz, le vendredi après la Saint-André 1334;

3°. Maurine de Sartiges du Vignal, religieufe à Brageac, laquelle donna fon approbation à la donation précitée de 1317.

4°. & 5°. Almodie & Marguerite de Sartiges, intervenantes dans le même acte de 1317.

BERTRAND DE SARTIGES, dit DE MONTFORT, approuva, ainfi que fes fœurs, l'acte de donation de 1317; reçut la reconnaiffance féodale que lui fit Guillaume Durand, fils de Barthélemy, pour le mas du Pommier, fitué à Soutz, le jeudi après la fête de faint Mary 1329, & acquit de Pierre Oltreffalh, de Mauriac, la quatrième partie du repaire de Montfort, le vendredi après la fête de faint Georges & faint Marc (25 avril) 1334. Bernard de Sartiges du Vignal, fon frère, archiprêtre de Mauriac, lui fournit quittance finale au mois de décembre de la même année 1334. Bertrand de Montfort fit foi & hommage au commandeur de Carlat, à caufe de l'annexe d'Ortrigier, en 1346, & tranfigea avec Aymeric de Saint-Chamant & Hélie de Saint-Exupéry, cofeigneurs de Miremont, au fujet de l'hommage de Montfort & de la chapelle dudit lieu, en 1357. On trouve enfuite :

GUILLAUME DE MONTFORT, damoifeau, héritier de Bertrand, qui vendit les rentes de Chabanettes à Guillaume Beffeyre, cofeigneur de Miremont, le famedi, jour de la fête de faint Mary 1398.

La feigneurie de Montfort appartenait dès l'an 1502 à la famille de Battut, fondue en 1527 dans celle de Murat-Rochemaure, qui a fini elle-même vers 1750, dans la maifon d'Humières, aujourd'hui propriétaire du beau domaine de Montfort.

RAMEAU DE BERC (ANGLARS).

IERRE DE SARTIGES, damoiſeau, préſumé frère de
Georges de Sartiges, & comme lui coſeigneur
de Sartiges, paraît dans une reconnaiſſance féodale fournie à ce même Georges par Pierre Lapeyre, du lieu de Bouriannes, paroiſſe de Jalleyrac, le
vendredi après l'Aſſomption (19 août) 1362, ainſi que dans
le teſtament d'Aſtorg de Montclar, du mois d'avril 1365.
Pierre de Sartiges laiſſa :

CATHERINE DE SARTIGES, dame en partie de Sartiges & de
Berc (1). Dans de précédentes généalogies on l'avait rangée
parmi les enfants de Georges de Sartiges; mais les titres
que nous allons citer tirés des archives de Montclar, éta-
bliſſent qu'elle était fille de Pierre. Elle épouſa, avant le
2 décembre 1416, Geraud de la Roche, dont elle était
veuve, lorſque, le 3 mars 1433, elle fit foi-hommage à Jean
de Noailles, ſeigneur de Montclar & de Chambres, tant à
cauſe de ſa portion de la ſeigneurie de Sartiges, paroiſſe
de Sourniac, où elle habitait alors, que pour tout ce qu'elle
poſſédait en biens, cens et rentes ſur divers lieux de la paroiſſe d'Anglars, notamment l'affar de Berc, appelé *de la
Garaindie* & auſſi *de Lavandès*. Elle tranſigea avec Guy de
Montclar, ſeigneur de Montbrun & coſeigneur de Montclar, le 22 août 1439, au ſujet du même fief *de la Garaindie*,
ſurnommé *de Lavandès*, ſitué au lieu de Berc. Catherine
de Sartiges & Geraud de la Roche eurent pour fils & héritier Jean de la Roche, époux d'Antoinette de Bort, père
d'autre Jean de la Roche, marié à Marie de Mauſſac, tous
coſeigneurs de Sartiges & connus par nombre d'aliénations
ſucceſſives qui furent confirmées & ratifiées par un dernier aĉte du 25 ſeptembre 1477.
C'eſt alors que la ſeigneurie de Sourniac, démembrée

(1) Berc fut acquis de Pierre de Montclar par Rigaud de Sartiges, le ſamedi après la
fête de ſaint Mathieu 1322.

de celle de Sartiges, fe trouva réunie dans les mains de la famille de las Vayffes (1).

ARMOIRIES. — D'azur, à deux chevrons d'or, accompagnés de trois étoiles d'argent, 2 en chef, 1 en pointe ; le chevron du chef furmonté d'une fleur de lys d'or (2).

(1) *Titres originaux.*
(2) Reconnue par le juge d'armes de France dans les preuves certifiées le 11 mai 1772. (*Bibliothèque nationale.*)

Clermont, impr. de Ferd. Thibaud.